50 Muskelaufbau-Shakes für Gewichtheber: Hoher Proteingehalt in jedem Shake

Von

Joseph Correa

Zertifizierter Sport-Ernährungsberater

COPYRIGHT

© 2016 Finibi Inc

Alle Rechte vorbehalten

Die Vervielfältigung und Übersetzung von Teilen dieses Werkes, mit Ausnahme zum in Paragraph 107 oder 108 des United States Copyright Gesetzes von 1976 dargelegten Zwecke, ist ohne die Erlaubnis des Copyright-Inhabers gesetzeswidrig.

Diese Veröffentlichung dient dazu fehlerfreie und zuverlässige Informationen zu dem auf dem Cover abgedruckten Thema zu liefern. Es wird mit der Einstellung verkauft, dass weder der Autor noch der Herausgeber befähigt sind, medizinische Ratschläge zu erteilen. Wenn medizinischer Rat oder Beistand notwendig sind, konsultieren Sie einen Arzt. Dieses Buch ist als Ratgeber konzipiert und sollte in keinster Weise zum Nachteil Ihrer Gesundheit gereichen. Konsultieren Sie einen Arzt, bevor Sie mit diesem Ernährungsplan beginnen, um zu gewährleisten, dass er das Richtige für Sie ist.

DANKSAGUNG

Die Fertigstellung und den Erfolg dieses Buches wäre nicht möglich gewesen ohne die Motivation und die Unterstützung meiner gesamten Familie.

50 Muskelaufbau-Shakes für Gewichtheber: Hoher Proteingehalt in jedem Shake

Von

Joseph Correa

Zertifizierter Sport-Ernährungsberater

INHALT

Copyright

Danksagung

Über den Autor

Einleitung

Kalender

50 Muskelaufbau-Shakes für Gewichtheber: Hoher Proteingehalt in jedem Shake

Andere großartige Werke des Autors

ÜBER DEN AUTOR

Als zertifizierter Sport-Ernährungsberater und professioneller Sportler, glaube ich wirklich, dass eine richtige Ernährung eine positive Auswirkung auf Körper und Seele haben wird. Mein Wissen und meine Erfahrung haben mir geholfen, über die Jahre hinweg gesünder zu leben. Dieses Wissen habe ich zudem mit meiner Familie und Freunden geteilt. Je mehr du über gesunden Essen und Trinken weißt, desto schneller wirst du dein Leben und deine Ess-Gewohnheiten ändern wollen.

Ernährung ist der Schlüssel im Prozess in bessere Form zu kommen. Das ist es, worum es in diesem Buch geht.

EINLEITUNG

50 Muskelaufbau-Shakes für Gewichtheber werden dir helfen, deine Menge an Proteinen, die du täglich zu dir nimmst, zu erhöhen, um mehr Muskelmasse zu gewinnen. Diese Shakes bauen deine Muskeln in einer organisierten Art und Weise auf, indem sie große und gesunde Dosen an Proteinen deiner Ernährung beifügen. Zu beschäftigt zu sein, um richtig zu essen, kann manchmal ein Problem werden. Darum wird dieses Buch dir helfen, Zeit zu sparen und deinen Körper richtig zu ernähren, damit du die Ziele erreichst, die du erreichen willst. Stell sicher, dass du weißt, was du konsumierst, indem du dein Essen selbst zubereitest oder es dir von jemandem zubereiten lässt.

Dieses Buch wird dir helfen:

-schneller Muskeln aufzubauen.

-mehr Energie zu haben

-auf natürliche Art und Weise deinen Stoffwechsel beschleunigen, um mehr Muskeln zu gewinnen.

-dein Verdauungssystem zu verbessern.

Joseph Correa ist ein zertifizierter Sport-Ernährungsberater und ein professioneller Sportler.

MUSKELAUFBAU-SHAKES

Tag 1

Frühstück: Alles-in-einem-Shake

Energie, Muskelaufbau-Shake

Wir wissen alle, wie hart es ist Muskeln zu gewinnen; wie brauchen immer etwas Hilfe bei diesem Problem. Hier ist also ein großartiger Shake um deinen Muskelaufbau zu steigern und gleichzeitig deinen Körper zu stärken. Du kannst ihn zu jeder Tageszeit trinken, aber wir empfehlen ihn zum Frühstück zu genießen.

Zubereitung:

Vermische alle Zutaten in einem Entsafter oder in einer Küchenmaschine bei hoher Geschwindigkeit. Genieße anschließend einen leckeren Shake.

Zutaten:

- Milch, 400 ml
- 2 Kellen Molkenprotein-Pulver
- 2 Bananen 140g

- 2 Esslöffel Mandelöl
- 1 Apfel

Nährwertangabe:

- Kalorien: 443
- Proteine: 32,5 g
- Kohlenhydrates: 45 g
- Fette: 16 g

Tag 2

Mittagessen: Werde-groß-Shake

Muskelaufbau-Shake

Esse viel, um groß zu werden: das ist das Geheimnis um mehr Muskelmasse zu gewinnen, das hauptsächlich auf einem hohen Prozentsatz an Proteinen beruht. Um dieses Ziel zu erreichen, musst du dich sehr anstrengen und dich richtig ernähren Hier ist also ein guter Shakes um dir damit zu helfen

Zubereitung:

Vermische alle Zutaten in einem Entsafter oder in einer Küchenmaschine bei hoher Geschwindigkeit. Genieße anschließend einen leckeren Shake.

Zutaten:

- ½ Tasse ungesüßte Mandelmilch
- 2 Esslöffel Ahornsirup
- 2 gefrorene Bananen
- 1 Kelle Molkenprotein-Pulver
- 3 Esslöffel Mandelbutter

Nährwertangabe:

- Kalorien – 830
- Fette (total)- 30g (gesundes Fett der Mandelbutter)
- Kohlenhydrate – 115g
- Ballaststoffe - 14g
- Kohlenhydrate (netto) -101 g
- Glutenfrei
- Proteine: 46 g

Tag 3

Frühstück: Kein-Pulver-Shake

Muskelaufbau-Shake

Hol mit diesem großartigen Rezept das Meiste aus der Mischung heraus. Knapp dran und doch willst du dein Ernährungskontingent erreichen? Dieses wohlschmeckende Getränk kann in weniger als einer Minute zubereitet werden. Dein Körper braucht einen proteinreichen Milchshake „Super" für deine Muskeln, der dir eine ausgeglichene Balance aus Kohlenhydraten und Proteinen liefert. Und welche bessere Art gibt es als diese Zutaten-Mischung zu wählen?

Zubereitung:

Vermische alle Zutaten in einem Entsafter oder in einer Küchenmaschine bei hoher Geschwindigkeit. Genieße anschließend einen leckeren Shake.

Zutaten:

- 2 Esslöffel Mandelöl.
- 2 Esslöffel Erdnussbutter
- ½ - 1 Teelöffel Honig

- 1 mittlere Banane
- 2 Tassen Milch
- 2 Kellen Molkenprotein-Pulver

Nährwertangabe:

- Kalorien: 601
- Proteine: 49 g
- Kohlenhydrate: 63 g
- Fette: 25 g

Tag 4

Frühstück: Kaffee-Protein-Shake

Muskelaufbau-Shake

Dieser Shake braucht nur wenige Sekunden, bis er fertig ist und wird ein sehr leckerer sein. Stell sicher, dass du alle Zutaten verwendest, vermische sie gut und serviere ihn nach einer Trainingseinheit. Muskelaufbau ist eines der schwersten Dinge, die man im Fitnessstudio erreichen kann. Daher ist jede Hilfe, die du bekommen kannst, definitiv die Anstrengung wert.

Zubereitung:

Vermische alle Zutaten in einem Entsafter oder in einer Küchenmaschine bei hoher Geschwindigkeit. Genieße anschließend einen leckeren Shake.

Zutaten:

- 2 Kellen Molkenprotein-Pulver
- 235 ml Coffee
- 235 ml 2%ige Milch
- 2 Esslöffel Karamell-Kaffeesahne

Nährwertangabe:

- Kalorien: 398
- Proteine 58,4 g
- Kohlenhydrate 13,4 g
- Fette 6,4 g

Tag 5

Frühstück: Erdnussbutter-Protein-Shake

Muskelaufbau-Shake

Dieser Shake eignet sich hervorragend um deine Leistung im Fitnessstudio zu verbessern und dein Muskelwachstum anzuregen. Gib die Zutaten in eine Küchenmaschine, bis sie weich sind. Du willst vielleicht Vollmilch verwenden oder aber zusätzliche Erdnussbutter, um diesen Protein-Shake in einen höhere Kalorienbombe zu verwandeln – das liegt ganz bei dir.

Zubereitung:

Vermische alle Zutaten in einem Entsafter oder in einer Küchenmaschine bei hoher Geschwindigkeit. Genieße anschließend einen leckeren Shake.

Zutaten:

- 235 ml leichte Milch
- 1 Banane
- 1 Esslöffel Erdnussbutter
- 2 Kellen Molkenprotein-Pulver

Nährwertangaben:

- Kalorien 498
- Proteine 58 g
- Kohlenhydrate 44,1 g
- Fette 11 g

Tag 6

Frühstück: Pinker-Super-Shake

Muskelaufbau-Shake

Was einen massiven Gewichtszuwachs betrifft, ist es sehr wichtig, die richtige Menge an Kalorien zu konsumieren, um ein ausgewogenes Verhältnis aus Kohlenhydraten und Proteinen zu erreichen. Dadurch hast du genug Energie, um zu trainieren und ausreichend Proteine, damit sich deine Muskeln entwickeln können.

Zubereitung:

Vermische alle Zutaten in einem Entsafter oder in einer Küchenmaschine bei hoher Geschwindigkeit. Genieße anschließend einen leckeren Shake.

Zutaten:

- ¾ Tasse gefrorene Bio-Himbeeren
- ½ kleine Banane
- 1 Kelle Molkenprotein-Pulver
- ½ Esslöffel Kokosnussbutter
- 5 g Glutamin

- 1 Tasse Quellwasser

Nährwertangaben:

- Kalorien: 268

- Proteine : 16,5 g

- Kohlenhydrate: 44,5 g

- Fette 6,7 g

Tag 7

Frühstück: Bananen-Protein-Shake

Muskelaufbau-Shake

Proteine sind die wichtigsten Nährstoffe für das Muskelwachstum. Sie gewährleisten, dass die Körperfunktionen richtig arbeiten. Sie versorgen selbstverständlich die größeren Muskeln von Gewichtheber ausreichend. Du folgst einem angepassten Training und ernährst dich gesund. Dieser Shake ist leicht zuzubereiten und verfügt über eine reichhaltige Dosis an Proteinen.

Zubereitung:

Vermische alle Zutaten in einem Entsafter oder in einer Küchenmaschine bei hoher Geschwindigkeit. Genieße anschließend einen leckeren Shake.

Zutaten:

- 235 ml leichte Milch
- 1 Banane
- ½ Tasse Hafer

- 2 Kellen Molkenprotein-Pulver

Nährwertangabe:

- Kalorien 554

- Proteine 58g

- Kohlenhydraten 67.5g

- Fette 6g

Tag 8

Frühstück: Bananen-Beeren-Protein-Shake

Gewichtszunahme-Protein-Shake

Dies ist ein großartiger Shake um Stärke und Gewicht innerhalb kürzester Zeit zu erlangen – ohne Verzögerungen. Er ist gesund, natürlich und hat einen großen Einfluss auf deine Leistung im Fitnessstudio. Lass uns also die Zutaten näher anschauen und alles, was dieses Getränk dir bietet.

Zubereitung:

Vermische alle Zutaten in einem Entsafter oder in einer Küchenmaschine bei hoher Geschwindigkeit. Genieße anschließend einen leckeren Shake.

Zutaten:

- 355 ml Wasser
- 4 Eiswürfel
- 1 Banane
- 2 Kellen Molkenprotein

Nährwertangaben:

- Kalorien 314
- Proteine 45,1g
- Kohlenhydrate: 32,1g
- Fette 2,4g

Tag 9

Frühstück: Mandel-Bananen-Durst

Gewichtszunahme-Shake

Steigere dein Muskelwachstum, indem du diesen Shake nutzt und spüre den Fortschritt am Tag nach deinem Training. Schaue, ob der Shake deiner Leistung gefördert hat. Du könntest ihn sogar in der Nacht davor zubereiten, um sicher zu gehen, dass die Zutaten noch besser verteilt sind.

Zubereitung:

Vermische alle Zutaten in einem Entsafter oder in einer Küchenmaschine bei hoher Geschwindigkeit. Genieße anschließend einen leckeren Shake.

Zutaten:

- 1 gefrorene, mittlere Banane
- 1 Tasse Naturjoghurt
- 100 ml eiskaltes Wasser
- 30 ml gemahlene Mandeln
- 1 Tasse roher Hafer

Nährwertangaben:

- Kalorien: 650
- Proteine: 53 g
- Kohlenhydrate: 75 g
- Fette: 15 g

Tag 10

Mittagessen: Zimt-Protein-Shake

Muskelaufbau-Shake

Folge diesem Shake-Rezept um deinen Muskelzuwachs bei einer geringen Aufnahme an Fett zu steigern. Du kannst dieses Getränk zu jeder Tageszeit trinken.

Zubereitung:

Vermische alle Zutaten in einem Entsafter oder in einer Küchenmaschine bei hoher Geschwindigkeit. Genieße anschließend einen leckeren Shake.

Zutaten:

- 1 Tasse leichte Milch
- 1 gefrorene Banane
- 1 Kelle Molkenprotein-Pulver
- 1 Esslöffel Erdnussbutter

Nährwertangaben:

- Kalorien: 391
- Proteine: 38g

- Kohlenhydrate: 42,1g
- Fette: 10g

Tag 11

Frühstück: Starker-Gewinner-Shake

Gewichtszunahme-Shake

Hier ist ein großartiger Shake, der dir einen riesigen Energieschub verleiht und außerdem dein Muskelwachstum steigern wird. Sei also bereit für eine großartige Erfahrung, die deine Trainingseinheiten verbessern wird.

Zubereitung:

Vermische alle Zutaten in einem Entsafter oder in einer Küchenmaschine bei hoher Geschwindigkeit. Genieße anschließend einen leckeren Shake.

Zutaten:

- 295-415 ml reines Wasser
- 1/2 Tasse roher Mandeln
- 1/2 große, gefrorene Banane
- 2 Kellen Molkenprotein-Pulver

Nährwertangaben:

- Kalorien: 380
- Proteine: 75 g
- Kohlenhydrate: 57 g
- Fette: 15 g

Tag 12

Frühstück: Extreme-Energie-Shake

Gewinn-Gewicht-und-Energie-Shake

Wenn du Ausschau hältst nach etwas, das dich mit zusätzlicher Energie versorgt und nebenbei dein Muskelwachstum anregt, dann solltest du dieses Rezept testen. Dieser Shake ist voller gesunder Zutaten. Grüner Tee soll Krebs verhindern und Leinsamen versorgen doch mit einer guten Portion Omega 3, das wichtig für deine körperliche Entwicklung ist.

Zubereitung:

Vermische alle Zutaten in einem Entsafter oder in einer Küchenmaschine bei hoher Geschwindigkeit. Genieße anschließend einen leckeren Shake.

Zutaten:

- 295 ml reines Wasser
- 10 Erdbeeren (frisch oder gefroren)
- 1 Esslöffel Leinsamen-Öl
- ½ Teelöffel Grüner-Tee-Pulver

- 1/2 Teelöffel Vanilleextrakt

- 1 Kelle Molkenprotein-Pulver

Nährwertangabe:

- Kalorien: 420

- Proteine: 50 g

- Kohlenhydrate: 42 g

- Fette: 17 g

Tag 13

Abendessen: Pfirsich-Shake

Muskelaufbau-Shake

Die Pfirsiche in diesem Shake geben ihm einen großartigen Geschmack und der Ziegenkäse ist ein exzellenter Proteinlieferant und zudem leicht verdaulich. Die beste Tageszeit um diesen Shake zu trinken ist am Morgen, aber du kannst ihn auch zu jeder anderen Zeit trinken.

Zubereitung:

Vermische alle Zutaten in einem Entsafter oder in einer Küchenmaschine bei hoher Geschwindigkeit. Genieße anschließend einen leckeren Shake.

Zutaten:

- 235 ml reines Wasser
- 1 reife Pfirsich
- 2 Teelöffel fettreduzierten Ziegenkäse
- Brauner Zucker
- 1,5 Kellen Molkenprotein-Pulver

Nährwertangaben:

- Kalorien: 250
- Proteine: 40 g
- Kohlenhydrate: 21 g
- Fette: 8 g

Tag 14

Frühstück: Heidelbeer-Shake

Muskelaufbau-Shake

Lass uns den Tag mit einem großartigen Shake beginnen, der dein Energielevel hoch halten wird und dich mit der erforderlichen Proteinmenge versorgen wird, damit du deine Muskeln in einer kürzeren Zeit aufbauen kannst. Heidelbeeren sind bekannt dafür, gute Antioxidantien zu sein und Krebs zu verhindern.

Zubereitung:

Vermische alle Zutaten in einem Entsafter oder in einer Küchenmaschine bei hoher Geschwindigkeit. Genieße anschließend einen leckeren Shake.

Zutaten:

- 295 ml reines Wasser
- 1/2 Tasse frische oder gefrorene Heidelbeeren
- 1,5 Kellen Molkenprotein-Pulver
- 2 Teelöffel Leinsamen-Öl

Nährwertangaben:

- Kalorien: 210 g
- Proteine: 39g
- Kohlenhydrate: 22 g
- Fette: 4 g

Tag 15

Frühstück: Erdbeer-Shake

Muskelaufbau-Shake

Es gibt keinen besseren Weg beim Versuch Muskeln aufzubauen, schnelle Resultate zu erzielen, als Shakes auszuprobieren. Dieses Shake-Rezept wird sehr lecker schmecken aufgrund der Kombination von Erdbeeren und Ziegenkäse.

Zubereitung:

Vermische alle Zutaten in einem Entsafter oder in einer Küchenmaschine bei hoher Geschwindigkeit. Genieße anschließend einen leckeren Shake.

Zutaten:

- 295 ml reines Wasser
- 8 gefrorene Erdbeeren
- 4 Teelöffel fettreduzierten Ziegenkäse
- 1,5 Kellen Molkenprotein-Pulver

Nährwertangaben:

- Kalorien: 310 g
- Proteine: 51g
- Kohlenhydrate: 27g
- Fette: 7 g

Tag 16

Frühstück: Bananenfreud-Shake

Muskelaufbau-Shake

Kombiniere die folgenden Zutaten um einen Shake zu erhalten, der reich an Omega 3 und Kalium ist, was dein Muskelwachstum unterstützt und dir außerde einen gesunden Körper beschert.

Zubereitung:

Vermische alle Zutaten in einem Entsafter oder in einer Küchenmaschine bei hoher Geschwindigkeit. Genieße anschließend einen leckeren Shake.

Zutaten:

- 235 ml reines Wasser
- 1/2 Banane (gefroren)
- 2 Kellen Molkenprotein-Pulver
- 2 Teelöffel Leinsamen-Öl

Nährwertangaben:

- Kalorien: 350 g

- Proteine: 65g

- Kohlenhydrate: 29g

- Fette: 9 g

Tag 17

Frühstück: Ananas-Shake

Muskelaufbau-Shake

Versuche dieses wundervolle Shake-Rezept, das für seine schnellen Ergebnisse und seinen köstlichen Geschmack bekannt ist. Es eignet sich hervorragend, um dir beim Muskelaufbau zu helfen und wird einen verstärkenden Effekt auf dein Immunsystem haben.

Zubereitung:

Vermische alle Zutaten in einem Entsafter oder in einer Küchenmaschine bei hoher Geschwindigkeit. Genieße anschließend einen leckeren Shake.

Zutaten:

- 1 Tasse Ananassaft
- 3 Erdbeeren
- 1 Banane
- 1 Teelöffel Joghurt
- 1 Kelle Molkenprotein-Pulver

Nährwertangaben:

- Kalorien: 340 g
- Proteine: 63g
- Kohlenhydrate: 27g
- Fette: 10 g

Tag 18

Frühstück: Muskel-Shake

Muskelaufbau-Shake

Hast du Probleme damit, größere Muskeln zu bekommen? Wenn die Antwort ja ist, solltest du dieses Shake-Rezept ausprobieren, das sofortige Ergebnisse in deinem Training zeigt und dich den ganzen Tag mit Energie versorgt.

Zubereitung:

Vermische alle Zutaten in einem Entsafter oder in einer Küchenmaschine bei hoher Geschwindigkeit. Genieße anschließend einen leckeren Shake.

Zutaten:

- 1 Tasse fettreduzierte Milch
- 1/2 Tasse fettreduzierter Naturjoghurt
- 1 Banane, geschnitten
- 2 Esslöffel Molkenprotein-Pulver
- 6 Erdbeeren, geschnitten

- 1 Teelöffel Weizenkeime

- 1 Esslöffel Honig oder Ahornsirup

- 1/4 Tasse gefrorener Beeren

- Etwas Muskat oder Johannisbrot-Pulver

Nährwertangaben:

- Kalorien: 600

- Proteine: 70g

- Kohlenhydrate: 54g

- Fette: 15 g

Tag 19

Frühstück: Haferflocken-Shake

Muskelaufbau-Shake

Das ist ein großartiges Rezept um Muskelmasse zu gewinnen und dein Herz zu schützen. Es wird dir helfen, den ganzen Tag über wachsam zu sein. Probiere es aus.

Zubereitung:

Vermische alle Zutaten in einem Entsafter oder in einer Küchenmaschine bei hoher Geschwindigkeit. Genieße anschließend einen leckeren Shake.

Zutaten:

- 2 Kellen Molkenprotein-Pulver
- 1 Tasse ungesüßtes Vanilleeis
- 1 Tasse Hafer
- 2 Tassen fettreduzierte Milch
- 1,2 Tassen Wasser
- Ein Spritzer Pfefferminzextrakt

Nährwertangaben:

- Kalorien: 621
- Proteine: 65g
- Kohlenhydrate: 58g
- Fette: 22 g

Tag 20

Abendessen: Tropischer Shake

Muskelaufbau-Shake

Dies ist einer der leckersten Shakes, die ich je probiert habe und ich bin sicher, dass du ohne genießen wirst. Die Mischung aus Banane, Ananas und Kokosnuss verleiht ihm einen tropischen Geschmack. Am besten trinkst du ihn am Morgen oder am späten Vormittag. Die Bananen müssen nicht gefroren sein, sie können Raumtemperatur haben. Einige Menschen ziehen es jedoch vor, wenn der Shake kalt ist, wenn sie gerade ihr Workout beendet haben.

Zubereitung:

Vermische alle Zutaten in einem Entsafter oder in einer Küchenmaschine bei hoher Geschwindigkeit. Genieße anschließend einen leckeren Shake.

Zutaten:

- 235 ml reines Wasser
- 1/2 Teelöffel Ananasextrakt
- 1/2 Teelöffel Kokosnussextrakt

- 1 Esslöffel Ziegenkäse

- 1/2 gefrorene Banane

Nährwertangaben:

- Kalorien: 540

- Proteine: 25g

- Kohlenhydrate: 43g

- Fette: 17g

Tag 21

Abendessen: Frucht-Shake

Muskelaufbau-Shake

Proteine sind der Schlüssel zum Muskelwachstum und zur Erholung. Stell sicher, dass du diesen Shake zu einer beliebigen Tageszeit probierst. Dieser Beeren-Shake hat viele antioxidantische Qualitäten, die dir zu Gute kommen, da du alterst und dich vor Krankheiten schützen willst. Das kann sehr wichtig sein, weil du es dir nicht leisten kannst wochenlang de Workout fern zu bleiben.

Zubereitung:

Vermische alle Zutaten in einem Entsafter oder in einer Küchenmaschine bei hoher Geschwindigkeit. Genieße anschließend einen leckeren Shake.

Zutaten:

- 2 Kellen Molkenprotein-Pulver
- 4 große Erdbeeren
- Heidelbeeren (eine kleine Hand voll)

- Wasser (nur einige Tropfen)
- 3 Eier

Nährwertangaben:

- Kalorien: 470
- Proteine: 45g
- Kohlenhydrate: 39g
- Fette: 15g

Tag 22

Frühstück: Apfelkuchen-Freude-Shake

Muskelaufbau-Shake

Sportler, die mehr Protein konsumieren, werden mehr Muskelmasse gewinnen als sitzende Leute, weil sie das Wachstumspotential maximieren. Versuch also zu sicher zu stellen, dass du diesen Shake kurz vor oder kurz nach einer Trainingseinheit zu dir nimmst. Die Mischung aus den Geschmäckern von Apfel, Zimt und Muskat gibt dem Shake eine einzigartige Note, die in anderen Shakes nicht gefunden werden kann.

Zubereitung:

Vermische alle Zutaten in einem Entsafter oder in einer Küchenmaschine bei hoher Geschwindigkeit. Genieße anschließend einen leckeren Shake.

Zutaten:

- 1 Kelle Molkenprotein-Pulver
- 1 geschälter und entkernter Apfel, in Stücke geschnitten
- 1 1/2 Tassen Milch

- 1/2 Teelöffel Zimt
- 1/2 Teelöffel Muskat
- 5 Eiswürfel

Nährwertangaben:

- Kalorien: 350
- Proteine: 35g
- Kohlenhydrate: 21g
- Fette: 10g

Tag 23

Frühstück: Kürbis-Shake

Wenig-Kohlenhydrate-Shake

Hier kommt ein Shake, der ein guter Proteinlieferant ist und dich mich über den Tag hinweg mit viel Energie versorgt. Das Leinen-Öl und der Joghurt liefern dir viele Inhaltsstoffe für deinen Körperfunktionen und geben diesem Shake einen Schub an Calcium und Omega 3.

Zubereitung:

Vermische alle Zutaten in einem Entsafter oder in einer Küchenmaschine bei hoher Geschwindigkeit. Genieße anschließend einen leckeren Shake.

Zutaten:

- 2 Kellen Molkenprotein-Pulver
- 235 ml Wasser
- 1 Esslöffel Leinen-Öl
- 1 Teelöffel Kürbiskuchen-Gewürz
- 235 ml Joghurt

- 4-6 Eiswürfel

Nährwertangaben:

- Kalorien: 300
- Proteine: 40g
- Kohlenhydrate: 26g
- Fette: 11g

Tag 24

Frühstück: Zimt-Shake

Muskelaufbau-Shake

Das ist ein Shake, den du am frühen Morgen vor einer Trainingseinheit zu dir nehmen solltest, weil er ein guter Energielieferant ist und den Muskelaufbau beschleunigen wird.

Zubereitung:

Vermische alle Zutaten in einem Entsafter oder in einer Küchenmaschine bei hoher Geschwindigkeit. Genieße anschließend einen leckeren Shake.

Zutaten:

- 1 Knäckebrot
- 1/2 Teelöffel Zimt
- Vanilleextrakt
- 355 ml Wasser
- 4 Eiswürfel

Nährwertangaben:

- Kalorien: 280
- Proteine: 10g
- Kohlenhydrate: 15g
- Fette: 5g

Tag 25

Frühstück: Erdnussbutter-Bananen-Shake

Muskelaufbau-Shake

Erdnussbutter ist eine reichhaltige Quelle für Protein und Energie. Viele Sportler verwenden Erdnussbutter als Hauptlieferant für Energie vor dem Training oder einem Wettkampf. Banane und Mandel verbessern den Geschmack und machen den Shake bekömmlicher.

Zubereitung:

Vermische alle Zutaten in einem Entsafter oder in einer Küchenmaschine bei hoher Geschwindigkeit. Genieße anschließend einen leckeren Shake.

Zutaten:

- 2 Kellen Molkenprotein-Pulver
- 100g Mandelstücke
- 1 Esslöffel Erdnussbutter
- 500ml leichte Milch
- Hälfte einer Banane

- 1 Esslöffel Honig

Nährwertangaben:

- Kalorien: 600
- Proteine: 55g
- Kohlenhydrate: 35g
- Fette: 10g

Tag 26

Frühstück: Super-Mix-Shake

Muskelaufbau-Shake

Abhängig von deinem Stoffwechsel wirst du dich an einige Shakes besser anpassen als an andere. Für diejenigen von euch, die einen süßeren Shake bevorzugen, ist dieser hier eine gute Wahl. Du kannst dich einige Zutaten frei wählen, deinen Geschmack deiner Wahl zu finden wie Karamell, Haselnuss oder Vanillejoghurt.

Zubereitung:

Vermische alle Zutaten in einem Entsafter oder in einer Küchenmaschine bei hoher Geschwindigkeit. Genieße anschließend einen leckeren Shake.

Zutaten:

- 10 Eiswürfel
- 355 ml fettreduzierte Milch
- 2 Esslöffel fettreduzierter Vanillejoghurt oder Kefir
- 1 Esslöffel fettreduzierte Erdnussbutter

- 2 Esslöffel Haselnüsse
- 1 Esslöffel Karamelleis

Nährwertangabe:

- Kalorien: 430
- Proteine: 23g
- Kohlenhydrate: 20g
- Fette: 11g

Tag 27

Frühstück: Magerer Bananen-Shake

Muskelaufbau-Shake

Menschen, die einem Ernährungsplan oder –routine folgen, um Muskeln zu gewinnen, werden noch viel mehr davon profitieren, wenn sie diesen Muskel-Shake darin aufnehmen. Der Shake ist leicht zuzubereiten und der Körper kann die gelieferten Proteine und Nährstoffe schnell absorbieren.

Zubereitung:

Vermische alle Zutaten in einem Entsafter oder in einer Küchenmaschine bei hoher Geschwindigkeit. Genieße anschließend einen leckeren Shake.

Zutaten:

- 1/2 gefrorene Banane
- 2 Esslöffel Schlagsahne (einen Becher, keine Sprühdose)
- 2 Eier
- 295 – 355 ml Wasser

- 4-6 Eiswürfel

Nährwertangaben:

- Kalorien: 320
- Proteine: 18g
- Kohlenhydrate: 15g
- Fette: 9g

Tag 28

Abendessen: Süßer Schub-Shake

Muskelaufbau-Shake

Hier ist ein großartiges Beispiel für ein Shake-Rezept, das ganz verschiedene Zutaten beinhaltet, aber zusammen sind diese eine reichhaltige Quelle an Proteinen. Das wird deine Leistung im Fitnessstudio steigern.

Zubereitung:

Vermische alle Zutaten in einem Entsafter oder in einer Küchenmaschine bei hoher Geschwindigkeit. Genieße anschließend einen leckeren Shake.

Zutaten:

- 1 mittlere bis große Banane
- 235 ml leichte Milch
- 1 Esslöffel Leinsamen-Mandel-Mischung
- 1 Teelöffel Ahornsirup
- Einige Tropfen einer Vanilleessenz/eines Vanilleextraktes

- 3-4 Eiswürfel
- 1 Esslöffel fettreduzierter Naturjoghurt

Nährwertangaben:

- Kalorien: 450
- Proteine: 19g
- Kohlenhydrate: 16g
- Fette: 10g

Tag 29

Frühstück: Orangen-Shake

Muskelaufbau-Shake

Lass uns den Tag mit einem himmlischen Shake beginnen, um dein Immunsystem in Schwung zu bringen und dir beim Muskelwachstum zu helfen. Dieses Rezept enthält viel Vitamin C und Kalium aufgrund der Erdbeeren und des Orangensaftes, die dir helfen, dass sich deine Muskeln schnell erholen.

Zubereitung:

Vermische alle Zutaten in einem Entsafter oder in einer Küchenmaschine bei hoher Geschwindigkeit. Genieße anschließend einen leckeren Shake.

Zutaten:

- 235 ml Orangensaft
- 4-5 Eiswürfel
- 1 Teelöffel Vanilleextrakt
- ½ Banane
- 2-3 gefrorene Erdbeeren

- 2 Teelöffel Honig

Nährwertangaben:

- Kalorien: 291
- Proteine: 15g
- Kohlenhydrate: 12g
- Fette: 5g

Tag 30

Frühstück: Mandel-Shake-Explosion

Muskelaufbau-Shake

Vertrau darauf eine bessere Verdauung zu haben, nachdem du diesen Shake mit seiner Kombination aus Haferflocken, Rosinen, Mandeln und Erdnussbutter gekostet hast. Die Rosinen verleihen ihm einen großartigen Geschmack und die Haferflocken sind für eine andere Struktur verantwortlich als bei den restlichen Shakes.

Zubereitung:

Vermische alle Zutaten in einem Entsafter oder in einer Küchenmaschine bei hoher Geschwindigkeit. Genieße anschließend einen leckeren Shake.

Zutaten:

- 295-355 ml leichte Milch
- 1,2 Tassen roher Haferflocken
- 1,2 Tassen Rosinen
- 12 gemahlene Mandeln

- 1 Esslöffel Erdnussbutter

Nährwertangaben:

- Kalorien: 380
- Proteine: 18g
- Kohlenhydrate: 15g
- Fette: 12g

Tag 31

Frühstück: Wilde-Beeren-Shake

Muskelaufbau-Shake

Himbeeren sind bekannt dafür, dass sie reich an Vitamin C und Antioxidantien sind, wovon einige Ärzte behaupten, dass sie eine Anti-Krebs Ergänzung zu deinem normalen, täglichen Essen und Gerichte darstellen. Es ist die perfekte Mischung für diejenigen, die Muskeln und Stärke gewinnen wollen. Du kannst einen gewöhnlichen Snack mit diesem gesunden Getränk ersetzen, der nicht besonders reich an Proteinen ist, der dir aber hilft, dir eine Pause zu verschaffen von all den anderen proteinreichen Shakes, die du täglich zu dir nimmst.

Zubereitung:

Vermische alle Zutaten in einem Entsafter oder in einer Küchenmaschine bei hoher Geschwindigkeit. Genieße anschließend einen leckeren Shake.

Zutaten:

- 8 Himbeeren

- 4 Erdbeeren

- 15 Heidelbeeren

- 475 ml fettreduzierte Milch

- 1/2 Tasse Eiswürfel

Nährwertangaben:

- Kalorien: 210

- Proteine: 9g

- Kohlenhydrate: 10g

- Fette: 8g

Tag 32

Frühstück: Erdnuss-Bananen-Shake

Muskelaufbau-Shake

Im Kontext der Ernährung ist dieser Shake reich an mageren Proteinen und komplexen Kohlenhydraten, o dass er dein Muskelwachstum und –aufbau anregt. Er wird dir außerdem während des Trainings einen Energieschub verleihen, wenn du ihn eine halbe Stunde zuvor einnimmst.

Zubereitung:

Vermische alle Zutaten in einem Entsafter oder in einer Küchenmaschine bei hoher Geschwindigkeit. Genieße anschließend einen leckeren Shake.

Zutaten:

- ½ Tasse Erdnüsse
- 1/2 Banane
- 1 Tasse leichte Milch
- 1/4 Tasse Frühstücksflocken
- 2 Eiswürfel

- Etwas Salz

Nährwertangabe:

- Kalorien: 230
- Proteine: 18g
- Kohlenhydrate: 12g
- Fette: 5g

Tag 33

Frühstück: Karotten-Ananas-Shake

Muskelaufbau-Shake

Dieser Shake sieht in euren Augen vielleicht etwas seltsam aus, aber glaubt mir, er tut euch und eurem Körper Gutes. Du kannst die Portionen einiger Zutaten je nach Belieben erhöhen oder erniedrigen, da diese Mischung etwas anders ist als die anderen.

Zubereitung:

Vermische alle Zutaten in einem Entsafter oder in einer Küchenmaschine bei hoher Geschwindigkeit. Genieße anschließend einen leckeren Shake.

Zutaten:

- 1 Tasse Schokoladenmilch
- 3/4 Tasse gemahlener Karotten
- 10 gefrorene Ananas-Stücke
- 2 Teelöffel ungesüßte, gestückelte Kokosnuss
- 1 Teelöffel Vanille

- 1 Teelöffel Süßrahm
- 120 ml Neufchatel Käse oder Streichkäse

Nährwertangaben:

- Kalorien: 220
- Proteine: 21g
- Kohlenhydrate: 13g
- Fette: 13g

Tag 34

Abendessen: Kürbis-Shake

Muskelaufbau-Shake

Ein gutes Shake-Rezept um die Muskeln aufzubauen und zu stärken mit einem einzigartigen Geschmack, wodurch es Spaß macht, diesen Shake zu trinken, während man gleichzeitig eine gemäßigte Menge an Proteinen zu sich nimmt. Es ist die perfekte Ergänzung für den Muskelaufbau und –wachstum.

Zubereitung:

Vermische alle Zutaten in einem Entsafter oder in einer Küchenmaschine bei hoher Geschwindigkeit. Genieße anschließend einen leckeren Shake.

Zutaten:

- 3/4 Tasse Milch (welche Art, du magst)
- 1/4 Tasse Kürbis aus der Dose
- 1 Esslöffel Sirup mit Kürbiskuchengeschmack
- 1/2 Teelöffel Kürbiskuchen-Gewürz
- 10 Eiswürfel

Nährwertangabe:

- Kalorien: 235
- Proteine: 20g
- Kohlenhydrate: 17g
- Fette: 1,5g

Tag 35

Frühstück: Heidelbeer-Apfel-Shake

Energieschub-Shake

Ein hohes Energielevel zu bewahren, ist das Ziel dieses Shakes. Er wird dich außerdem mit einigen mageren Proteinen versorgen, die dir helfen werden, selbst wenn du an diesem Tag etwas müde bist oder aber wenn du dich an diesem Tag noch härter antreiben willst.

Zubereitung:

Vermische alle Zutaten in einem Entsafter oder in einer Küchenmaschine bei hoher Geschwindigkeit. Genieße anschließend einen leckeren Shake.

Zutaten:

- 1/2 kleiner Apfel, in kleine Stücke geschnitten (mit Schale)
- 1/2 Tasse Beeren (dunkel, süß, entkernt)
- 1/2 Tasse Heidelbeeren
- 4 Esslöffel Weizenkeime
- Eiswürfel (nach Belieben)

- 1/2 Tasse Weizenprotein

Nährwertangaben:

- Kalorien:300
- Proteine: 39g
- Kohlenhydrate: 18g
- Fette: 5g

Tag 36

Frühstück: Kirsche-Bananen-Shake

Energieschub-Shake

Zwei wohlschmeckende Zutaten in einem Shake. Kirschen und Bananen beinhalten sehr viele Ballaststoffe, die dein Körper braucht, wenn du eine große Menge an Proteinen zu dir nimmst. Versuch dieses Getränk vor einer Trainingseinheit – Tag und Nacht.

Zubereitung:

Vermische alle Zutaten in einem Entsafter oder in einer Küchenmaschine bei hoher Geschwindigkeit. Genieße anschließend einen leckeren Shake.

Zutaten:

- 1/2 Tasse Kirschen (dunkel, süß, entkernt)
- 1/2 Tasse Bananen
- 4 Esslöffel Weizenkeime
- Eiswürfel (nach Belieben)
- 1/2 Tasse Weizenprotein

Nährwertangaben:

- Kalorien:300
- Proteine: 39g
- Kohlenhydrate: 18g
- Fette: 5g

Tag 37

Frühstück: Eier-Manie-Shake

Muskelaufbau-Shake

Du kannst ein Muskelaufbau-Shakerezept erhalten, das ganz ohne Proteinpulver auskommt und trotzdem eine ausreichende Menge Proteinen liefert. Die Kichererbsen verleihen ihm eine grüne Farbe, aber sie verändern den Geschmack nicht. Das ist eine großartige Kombination aus Proteinen und Kohlehydraten.

Zubereitung:

Vermische alle Zutaten in einem Entsafter oder in einer Küchenmaschine bei hoher Geschwindigkeit. Genieße anschließend einen leckeren Shake.

Zutaten:

- 4 Eiweiß
- 1/2 Tasse Ziegenkäse
- 1 Banane
- 1/4 Tasse Kichererbsen
- Ananas-Stücke

- Kokosnussmilch
- Kokosnussextrakt kann hinzugefügt werden
- Eiswürfel

Nährwertangaben:

- Kalorien:280
- Proteine: 25g
- Kohlenhydrate: 40g
- Fette: 4g

Tag 38

Frühstück: Hoher-Protein-Shake

Muskelaufbau-Shake

Verbessere deine Leistung im Fitnessstudio, indem du die Menge an Proteinen steigerst, die du täglich zu dir nimmst. Dieser Shake ist reich an Porteinen und sehr geschmackvoll.

Zubereitung:

Vermische alle Zutaten in einem Entsafter oder in einer Küchenmaschine bei hoher Geschwindigkeit. Genieße anschließend einen leckeren Shake.

Zutaten:

- 1/2 Tasse Wasser
- 1 Kelle Molkenprotein-Pulver
- 2 Esslöffel Honig
- 1 Esslöffel geschmeidige Erdnussbutter
- 1/2 Eiswürfel

Nährwertangaben:

- Kalorien:114
- Proteine: 34g
- Kohlenhydrate: 5,2g
- Fette: 4,5g

Tag 39

Frühstück: Früchtemix-Shake

Muskelaufbau-Shake

Dieses Shake-Rezept kann ganz einfach dein Frühstück ersetzen, aber beinhaltet trotzdem eine gesunde Portion an Nährstoffen, um deinen Körper ausreichend zu versorgen. Es beinhaltet viele Nährstoffe, die dein Körper braucht, um einen guten Start in den Morgen zu haben. Proteine und Kohlenhydrate sind in diesem Rezept inbegriffen, damit sie dir Energie und Stärke während des Trainings verleihen.

Zubereitung:

Vermische alle Zutaten in einem Entsafter oder in einer Küchenmaschine bei hoher Geschwindigkeit. Genieße anschließend einen leckeren Shake.

Zutaten:

- 1/2 Banane, gewürfelt
- 1/2 Tasse gewürfelter Erdbeeren
- 1 kleiner Apfel

- 1 kleine Pflaume
- 1 Tasse Schokoladenmilch
- 1 Esslöffel geschmeidige Erdnussbutter
- 1 Kelle Molkenprotein-Pulver

Nährwertangaben:

- Kalorien:700
- Proteine: 46g
- Kohlenhydrate: 90g
- Fette: 20g

Tag 40

Frühstück: Schoko-Shake

Muskelaufbau-Shake

Eine großartige Art und Weise um dunkle Schokolade mit den richtigen Zutaten zu vereinen, um einen Shake zu kreieren, der deine Leistung im Fitnessstudio sowie dein Muskelwachstum steigert.

Zubereitung:

Vermische alle Zutaten in einem Entsafter oder in einer Küchenmaschine bei hoher Geschwindigkeit. Genieße anschließend einen leckeren Shake.

Zutaten:

- 1 Riegel dunkle Schokolade
- 4 Eier
- 3 Tassen Milch
- 1 Kellen Molkenprotein-Pulver

Nährwertangaben:

- Kalorien: 290

- Proteine: 45g

- Kohlenhydrate: 37g

- Fette: 19g

Tag 41

Frühstück: Von-Jedem-Etwas-Shake

Muskelaufbau-Shake

Dieses Shake-Rezept ist eine ausgezeichnete Quelle für Proteine und Ballaststoffe, die dein Körper braucht. Er steckt voller Nährstoffe und Vitaminen, die dir sowohl zu größeren Muskeln als auch zu mehr Energie verhelfen, wenn du trainierst.

Zubereitung:

Vermische alle Zutaten in einem Entsafter oder in einer Küchenmaschine bei hoher Geschwindigkeit. Genieße anschließend einen leckeren Shake.

Zutaten:

- Trauben, 4 Trauben, kernlos
- Brombeeren, frisch, 0,5 gramm
- Heidelbeeren, frisch, 25 Beeren
- Erdbeeren, frisch, 0,5 gramm
- Ananas, frisch, 1 Scheibe, dünn (9 cm Durchmesser x 1, 5 cm dick)

- Äpfel, frisch, 10 gramm
- Joghurt, natur, fettreduziert, 120 ml
- Kohl, 0,5 gramm
- Broccoli, frisch, 1 Stange
- Orangen, 0,5 gramm
- 1 Kelle Molkenprotein-Pulver

Nährwertangaben:

- Kalorien: 280
- Proteine: 48g
- Kohlenhydrate: 31g
- Fette: 4,2g

Tag 42

Frühstück: Wach-jetzt-auf-Shake

Muskelaufbau-Shake

Auf diese Art solltest du den Tag beginnen: Energie ist das passende Wort für diesen Shake, aber denk nicht, dass er nicht gut sei um Muskeln aufzubauen, weil du damit falsch liegst.

Zubereitung:

Vermische alle Zutaten in einem Entsafter oder in einer Küchenmaschine bei hoher Geschwindigkeit. Genieße anschließend einen leckeren Shake.

Zutaten:

- 1 frische Banane, mittel
- 2 Portionen (60 g) Haferflocken
- 1-2 Esslöffel Erdnussbutter, geschmeidig
- 1 Tasse (250 ml) Joghurt, natur, fettreduziert (0% - 1,5)
- 0,5 Esslöffel (oder weniger) Zimt, gemahlen

Nährwertangaben:

- Kalorien:650
- Proteine: 28g
- Kohlenhydrate: 85g
- Fette: 10g

Tag 43

Abendessen: Mango-Tango-Shake

Muskelaufbau-Shake

Das ist ein großartiger Shake, den du an anderen Tagen hinzufügen kannst, so dass du zwei Shakes pro Tag zu dir nimmst, da er reich an Ballaststoffen ist und nur wenig Fett hat. Dieser magere Shake wird dir helfen, im Fitnessstudio jegliche Müdigkeit zu vertreiben und deine Leistung zu verbessern.

Zubereitung:

Vermische alle Zutaten in einem Entsafter oder in einer Küchenmaschine bei hoher Geschwindigkeit. Genieße anschließend einen leckeren Shake.

Zutaten:

- 2 große Erdbeeren, frisch oder gefroren
- 10 Heidelbeeren, frisch oder gefroren
- 1 Tasse Orangensaft
- 1/2 Mango, frisch oder gefroren
- 1 Kelle Molkenprotein-Pulver

Nährwertangaben

- Kalorien:250
- Proteine: 30.5g
- Kohlenhydrate: 52g
- Fette: 8.4g

Tag 44

Frühstück: Ananas-Mandarinen-Shake

Muskelaufbau-Shake

Um Muskeln zu gewinnen gibt es kein Geheimnis. Du musst trainieren und dich richtig ernähren! Du wirst straucheln, wenn du nicht genug Energie während des Trainings hast und darum gib Zutaten dazu, die dir einen Schub verleihen, wenn es sein muss. Das macht den Unterschied, wenn du versuchst, stärkere Muskeln zu erhalten.

Zubereitung:

Vermische alle Zutaten in einem Entsafter oder in einer Küchenmaschine bei hoher Geschwindigkeit. Genieße anschließend einen leckeren Shake.

Zutaten:

- 1/2 Tasse Ananas, gefrorene Stücke
- 1/2 Tasse Mandarinen, (Mandarinen, Orangen) in Dosen
- 2 Teelöffel Honig

- 1 Kelle Molkenprotein-Pulver

Nährwertangaben:

- Kalorien:150
- Proteine: 39g
- Kohlenhydrate: 17g
- Fette: 11g

Tag 45

Frühstück: Erdnussbutter-Apfel-Shake

Muskelaufbau-Shake

Shakes können eine große Quelle an Kalorien und Energie sein, was wichtig ist, um Muskelmasse anzulegen. Dieser lecker schmeckende Shake wurde kreiert, um dir zu helfen, dein Muskelwachstum zu steigern und dein Energielevel auf einem hohen Niveau zu halten.

Zubereitung:

Vermische alle Zutaten in einem Entsafter oder in einer Küchenmaschine bei hoher Geschwindigkeit. Genieße anschließend einen leckeren Shake.

Zutaten:

- 3/4 Tasse Natur- oder Vanillejoghurt
- 2 Esslöffel Erdnussbutter
- 1 Banane
- 1/8 Tasse Milch
- 3/4 Tasse Eis

- 1 Apfel

Nährwertangaben:

- Kalorien:440

- Proteine: 22g

- Kohlenhydrate: 50g

- Fette: 19g

Tag 46

Frühstück: Bananen-Super-Shake

Muskelaufbau-Shake

Die Vanille-Mandel-Milch wird dies zu einem großartigen Protein-Shake machen. Er regt das Muskelwachstum an ohne deine Ernährung ins Ungleichgewicht zu überführen. Du kannst die Menge an Zimt reduzieren oder ganz weglassen, um diesem Shake deine persönliche Note zu verleihen.

Zubereitung:

Vermische alle Zutaten in einem Entsafter oder in einer Küchenmaschine bei hoher Geschwindigkeit. Genieße anschließend einen leckeren Shake.

Zutaten:

- 1/2 Tasse Vanille-Mandel-Milch
- 1/2 Tasse Wasser
- 1/2 Banane
- Prise Zimt
- 1 Kelle Vanilleprotein-Pulver

Nährwertangaben:

- Kalorien:350
- Proteine: 43g
- Kohlenhydrates: 25g
- Fette: 5g

Tag 47

Frühstück: Dunkler-Hafer-Power-Shake

Muskelaufbau-Shake

Die Kombination aus dunkler Schokolade, Ziegenkäse und Haferflocken wird deine Muskelentwicklung beschleunigen und dir einen Energieschub verleihen, nach dem du im Fitnessstudio verlangst. Außerdem verbessert er deine Verdauung und stärkt dein Herz.

Zubereitung:

Vermische alle Zutaten in einem Entsafter oder in einer Küchenmaschine bei hoher Geschwindigkeit. Genieße anschließend einen leckeren Shake.

Zutaten:

- 1/2 Tasse Ziegenkäse (oder 1 Tasse Griechischer Joghurt)
- 1/2 - 1 Tasse Wasser (abhängig von der gewünschten Dicke) oder Milch
- 10g dunkle Schokolade
- ½ Tasse rohe Haferflocken

- 1/2 Banane

- 1 Kelle Molkenprotein-Pulver

Nährwertangaben:

- Kalorien:150

- Proteine: 40g

- Kohlenhydrate: 20g

- Fette: 8g

Tag 48

Frühstück: Milch-Protein-Shake

Muskelaufbau-Shake

Um deine Muskelmasse zu gewinnen und zu bewahren, musst du deinen Kohlenhydrate und Proteine erhöhen, so dass dir genug Energie zur Verfügung steht, um hart zu arbeiten. Die Zutaten erlauben es deinen Muskeln, sich voll zu entwickeln.

Zubereitung:

Vermische alle Zutaten in einem Entsafter oder in einer Küchenmaschine bei hoher Geschwindigkeit. Genieße anschließend einen leckeren Shake.

Zutaten:

- 1 Kelle Molkenprotein-Pulver
- 1/2 Banane
- 1/2 Tasse Mandelstücke
- 235 ml Milch
- 3 Eiswürfel

Nährwertangabe:

- Kalorien:335
- Proteine: 31g
- Kohlenhydrate: 25g
- Fette: 18g

Tag 49

Frühstück: Avocado-Shake

Muskelaufbau-Shake

Protein-Shakes mit Gemüse sind ungewöhnlich, aber sie sollten normaler werden aufgrund des Mehrwertes, den sie für deine Ernährung und deinen Körper haben. Avocado wird von einigen als "Superfrucht" angesehen und tut deinem Körper gut.

Zubereitung:

Vermische alle Zutaten in einem Entsafter oder in einer Küchenmaschine bei hoher Geschwindigkeit. Genieße anschließend einen leckeren Shake.

Zutaten:

- 1/2 Avocado
- 1 Esslöffel zerstückelte Kokosnuss
- 1 Tasse Mandelmilch
- 1 Kelle Molkenprotein-Pulver

Nährwertangabe:

- Kalorien:300

- Proteine: 35g

- Kohlenhydrate: 20g

- Fette: 8g

Tag 50

Frühstück: Beeren-Shake

Muskelaufbau-Shake

Eine komplette Kombination aus Beeren und Proteinen um das Muskelwachstum zu fördern und zu bewahren – alles mit einem Shake. Der Geschmack ist göttlich und die Ergebnisse noch besser, wenn du hart trainieren musst und Resultate sehen willst.

Zubereitung:

Vermische alle Zutaten in einem Entsafter oder in einer Küchenmaschine bei hoher Geschwindigkeit. Genieße anschließend einen leckeren Shake.

Zutaten:

- ½ Tasse Erdbeeren
- ¼ Tasse gemischter Beeren (Himbeeren, Heidelbeeren und Brombeeren)
- ¼ Tasse Bio-Granatapfelsaft
- ¼ Tasse Bio-Traubensaft

- Eine Hand voll geschnittener Mandeln zum Garnieren

- 1 Kelle Molkenprotein-Pulver

Nährwertangaben:

- Kalorien:200

- Proteine: 31g

- Kohlenhydrate: 19g

- Fette: 1g

ANDERE GROSSARTIGE WERKE DES AUTORS

Fortgeschrittenes Training zur mentalen Stärke für Gewichtheber:

Verwende Visualisierungen um dein wahres Potential auszuschöpfen

Von

Joseph Correa

Zertifizierter Meditationslehrer

Steigere deine mentale Stärke im Bodybuilding durch Meditation:

Erreiche dein Potential durch Gedankenkontrolle

Von

Joseph Correa

Zertifizierter Meditationslehrer

www.ingramcontent.com/pod-product-compliance
Lightning Source LLC
Chambersburg PA
CBHW070152080526
44586CB00015B/1958